I0012131

DAS PERFEKTE HÖRBUCH

Vom Manuskript zum Meisterwerk

Mag. Eva Prasch

CONTENTS

web:
https://evaprasch.com/
https://mailchi.mp/d310096f601e/ratgeber

EINLEITUNG

Willkommen zu meinem Wegweiser in die Welt der Hörbücher! In diesem Buch zeige ich Dir, wie du aus deinem Manuskript ein faszinierendes Hörbuch machst – ein Meisterwerk, das deine Hörer fesseln wird.

Hörbücher sind heutzutage ein unverzichtbarer Bestandteil der Literaturwelt und bieten Dir als Autor eine einzigartige Möglichkeit, ideine Geschichten auf eine ganz neue Art und Weise zu erzählen.

Vielleicht hast du schon ein fertiges Manuskript in der Schublade oder stehst gerade erst am Anfang deiner schriftstellerischen Reise.

Egal, wo du dich befindest, dieses Buch wird dir helfen, die notwendigen Schritte zu verstehen und umzusetzen, um deine Worte zum Leben zu erwecken. Von der Auswahl des richtigen Sprechers über die technischen Feinheiten der Aufnahme bis hin zur Veröffentlichung und Vermarktung – hier findest du alles, was du wissen musst.

Gehe mit mir in die faszinierende Welt der Hörbuchproduktion und verwandle dein Manuskript in ein echtes Meisterwerk.

● *Vorstellung des Themas*

In diesem Buch wirst du alles erfahren, was du wissen musst, um dein eigenes Hörbuch zu erstellen. Von der Auswahl des richtigen Manuskripts, über die Aufnahme und Bearbeitung, bis hin zur Veröffentlichung und Vermarktung – wir decken jeden Schritt ab. Dieses Buch ist dein umfassender Leitfaden.

●   *Bedeutung von Hörbüchern*
in der modernen Literaturwelt

Hörbücher haben in den letzten Jahren enorm an Bedeutung gewonnen. Sie bieten eine flexible Möglichkeit, Geschichten zu genießen – beim Autofahren, im Fitnessstudio oder einfach zuhause auf der Couch.

Für viele Menschen sind sie eine bequeme Alternative zum traditionellen Lesen. Hörbücher erweitern den Zugang zur Literatur, aber auch für Menschen mit Sehbehinderungen oder Leseschwierigkeiten.

Auch du kannst von diesem wachsenden Markt profitieren, indem du dein eigenes Hörbuch herausbringst und so neue Leser und Hörer erreichst.

● Ziel des Buches und Nutzen für den Leser

Das Ziel dieses Buches ist es, dich Schritt für Schritt durch den Prozess der Hörbucherstellung zu führen.

Du wirst lernen, wie du dein Manuskript für das Audioformat anpasst, die richtige Technik und Ausrüstung auswählst, professionelle Aufnahmen machst und dein fertiges Hörbuch erfolgreich veröffentlichst und vermarktest. Am Ende dieses Buches wirst du das Wissen und die Werkzeuge haben, um dein eigenes Hörbuch zu produzieren und deine Geschichten auf eine neue, spannende Weise zu teilen. Lass uns gemeinsam dieses Abenteuer beginnen und dein Manuskript in ein fesselndes Hörbuch verwandeln!

KAPITEL 1: DIE GRUNDLAGEN DES HÖRBUCHS

- *Was ist ein Hörbuch*

Ein Hörbuch ist im Grunde ein gesprochenes Buch. Es ist eine Audioaufnahme eines geschriebenen Werkes, die von einem oder mehreren Sprechern vorgelesen wird. Hörbücher können komplett wortgetreu sein oder leicht angepasst werden, um das Hörerlebnis zu verbessern. Sie bieten eine wunderbare Möglichkeit, Geschichten und Informationen zu genießen, ohne dass man dabei ein physisches Buch in der Hand halten muss.

Geschichte und Entwicklung des Hörbuchmarktes
Hörbücher haben eine faszinierende Geschichte.

Die **ersten Hörbücher entstanden in den 1930er Jahren**, als sie vor allem für Blinde und Sehbehinderte gedacht waren. Damals wurden Bücher auf Schallplatten oder Tonbändern aufgenommen.

Mit der **Einführung der Kassette in den 1960er Jahren** und später **der CD in den 1980er Jahren** erlebte der Hörbuchmarkt einen

Aufschwung.

Heutzutage, im digitalen Zeitalter, sind Hörbücher als Downloads und über Streaming-Dienste zugänglich und erfreuen sich immer größerer Beliebtheit. Sie sind ein fester Bestandteil der Literaturwelt geworden und bieten eine flexible Alternative zum traditionellen Lesen.

● *Unterschiede zwischen Buch und Hörbuch*

Ein Hörbuch unterscheidet sich in einigen wesentlichen Punkten von einem gedruckten Buch. Beim Lesen eines Buches kannst du das Tempo selbst bestimmen, Absätze und Seiten nach Belieben wiederholen oder überspringen. Ein Hörbuch hingegen wird in einem bestimmten Tempo vorgelesen, und die Betonung und Interpretation des Sprechers können die Wahrnehmung der Geschichte beeinflussen. Während ein Buch die Fantasie durch Worte allein anregt, bringt ein Hörbuch zusätzliche Elemente wie Stimme, Tonfall und manchmal auch Musik oder Geräusche mit ein, die das Hörerlebnis bereichern. Diese Unterschiede eröffnen neue Möglichkeiten, Geschichten zu erzählen und zu erleben.

Jetzt, da du die Grundlagen kennst, bist du bereit, tiefer in die Welt der Hörbücher einzutauchen. In den nächsten Kapiteln zeige ich Dir, wie du dein eigenes Hörbuch erstellen kannst – von der Vorbereitung deines Manuskripts bis hin zur technischen Umsetzung und Veröffentlichung.

KAPITEL 2: DAS MANUSKRIPT VORBEREITEN

- *Auswahl des richtigen Textes für ein Hörbuch*

Der erste Schritt auf dem Weg zu deinem Hörbuch ist die Auswahl des richtigen Textes.

Nicht jeder geschriebene Text eignet sich gleichermaßen für das Audioformat.

Geschichten mit lebendigen Dialogen, spannenden Handlungen und starken Charakteren sind besonders gut geeignet. Überlege, ob dein Manuskript beim Zuhören genauso fesselnd ist wie beim Lesen.

Wenn du mehrere Texte zur Auswahl hast, probiere doch einfach aus, ein paar Seiten laut vorzulesen. So bekommst du ein Gefühl dafür, wie gut sie sich als Hörbuch machen.

● Anpassungen und Bearbeitungen für das Audioformat

Nachdem du dich für einen Text entschieden hast, ist es wichtig, ihn für das Audioformat anzupassen. Manchen Passagen, die in gedruckter Form gut funktionieren, kann man beim Hören schwierig folgen. **Lange Beschreibungen oder komplizierte Satzstrukturen** können anstrengend sein. Überlege dir, ob du diese Abschnitte kürzen oder vereinfachen kannst.
Achte darauf, dass die Geschichte flüssig und leicht verständlich bleibt. Manchmal hilft es auch, Absätze umzustellen oder zusätzliche Pausen einzufügen, um den Hörfluss zu verbessern.

● Dialoge, Beschreibungen und Erzählstil anpassen

Ein wichtiger Bestandteil eines guten Hörbuchs sind lebendige Dialoge. Achte darauf, dass jeder Charakter eine eigene, unverwechselbare Stimme hat. Das erleichtert den Hörern, den Dialogen zu folgen und die Figuren auseinanderzuhalten. Überlege, ob du die Dialoge so anpassen kannst, dass sie natürlicher und lebendiger klingen.

Auch Beschreibungen spielen eine große Rolle. Da deine Hörer keine visuellen Hinweise haben, müssen Beschreibungen klar und bildhaft sein, ohne zu lang zu werden. Nutze eine prägnante, anschauliche Sprache, um Szenen und Emotionen zu vermitteln.

Der Erzählstil ist ebenfalls entscheidend. Ein guter Erzähler zieht die Hörer in die Geschichte hinein. Achte darauf, dass dein Erzählstil konsistent ist und zur Stimmung und Atmosphäre der Geschichte passt. Überlege, ob du bestimmte Passagen dramatischer oder ruhiger gestalten kannst, um die gewünschte Wirkung zu erzielen.

Wenn du diese Anpassungen vorgenommen hast, bist du bereit für den nächsten Schritt:
Die Wahl des richtigen Sprechers und die Aufnahme deines Hörbuchs. Aber dazu mehr im nächsten Kapitel.

KAPITEL 3: DIE WAHL DES SPRECHERS

- *Eigenschaften eines guten Hörbuchsprechers*

Die Wahl des richtigen Sprechers ist entscheidend für den Erfolg deines Hörbuchs.

Ein guter Hörbuchsprecher hat eine klare, angenehme Stimme und kann verschiedene Charaktere und Emotionen authentisch darstellen.

Wichtige Eigenschaften sind:

- **Deutliche Aussprache:** Der Sprecher muss jeden Satz klar und verständlich artikulieren.
- **Vielseitigkeit:** Die Fähigkeit, verschiedene Stimmen und Tonlagen zu nutzen, um Charaktere voneinander zu unterscheiden.
- **Emotionales Ausdrucksvermögen:** Der Sprecher sollte

in der Lage sein, die Stimmung und die Emotionen der Geschichte zu vermitteln.

- **Ausdauer:** Hörbuchaufnahmen können zeitaufwendig sein, daher ist Geduld und Ausdauer wichtig.

• Auswahlkriterien und Casting-Prozess

Beim Casting eines Hörbuchsprechers solltest du mehrere Kandidaten in Betracht ziehen und ihre Stimmen vergleichen. Hier sind einige Schritte, die dir helfen können:

1. **Probehörprobe:** Lasse potenzielle Sprecher eine Passage aus deinem Manuskript lesen. Achte darauf, wie sie die Charaktere und die Stimmung der Geschichte interpretieren.
2. **Hörproben analysieren:** Höre dir die Proben sorgfältig an und notiere dir, welche Sprecher dir am besten gefallen und warum.
3. **Feedback einholen:** Bitte Freunde oder Kollegen, um ihre Meinung zu den Hörproben. Manchmal hört man Details, die einem selbst entgangen sind.
4. **Kurzes Interview:** Spreche mit den besten Kandidaten, um ihre Professionalität und ihre Begeisterung für dein Projekt zu beurteilen.

• Zusammenarbeit mit professionellen Sprechern vs. Selbstaufnahme

Es gibt zwei Hauptwege, um dein Hörbuch zu vertonen: die Zusammenarbeit mit einem professionellen Sprecher oder die Selbstaufnahme.

Professioneller Sprecher:

- **Vorteile:** Ein erfahrener Sprecher bringt Professionalität und eine hohe Qualität der Aufnahme mit. Sie haben oft Zugang zu hochwertigem Equipment und einem Studio.
- **Nachteile: Die Kosten** können hoch sein, und du musst Zeit investieren, um den richtigen Sprecher zu finden und zu engagieren.

Selbstaufnahme:

- **Vorteile:** Du hast die volle Kontrolle über das Projekt und kannst Kosten sparen. Außerdem kannst du den Text genauso interpretieren, wie du es möchtest.
- **Nachteile:** Du benötigst die richtige Ausrüstung und die Fähigkeiten zur Aufnahme und Bearbeitung. Die Qualität der Aufnahme kann anfangs geringer sein, bis du genügend Übung hast.

Egal für welchen Weg du dich entscheidest, die Stimme deines

Hörbuchs ist das Herzstück der Produktion. Investiere Zeit in die Auswahl und Vorbereitung, um sicherzustellen, dass dein Hörbuch professionell und fesselnd klingt.

Im nächsten Kapitel wirst du lernen, wie du die Aufnahme deines Hörbuchs vorbereitest und durchführst.

Kapitel 4: Die Aufnahme

- **Technische Ausrüstung und Studioeinrichtung**

Bevor du mit der Aufnahme deines Hörbuchs beginnst, ist es wichtig, die richtige technische Ausrüstung und eine geeignete Umgebung zu haben.
Hier habe ich Dir aufgelistet, was du brauchst:

F ür die technische Ausrüstung brauchst du:

- **Mikrofon:** Ein gutes Kondensatormikrofon ist ideal, da es eine klare und detailreiche Aufnahme ermöglicht. Beliebte Modelle sind das Audio-Technica AT2020 oder der Rode NT1-A.
- **Pop-Schutz:** Ein Pop-Filter hilft, Plosive (harte „P"- und „B"-Laute) zu reduzieren, die ansonsten die Aufnahme stören können.
- **Kopfhörer:** Geschlossene Kopfhörer sind wichtig, um die Aufnahme in Echtzeit zu überwachen und sicherzustellen, dass keine Hintergrundgeräusche aufgenommen werden.

- **Audio-Interface:** Ein Audio-Interface wie das Focusrite Scarlett 2i2 sorgt dafür, dass das Signal deines Mikrofons in hoher Qualität in den Computer übertragen wird.
- **Computer und Software:** Ein leistungsfähiger Computer und eine geeignete Aufnahmesoftware (z.B. Audacity, Reaper oder Adobe Audition) sind unerlässlich.

Für die Studioeinrichtung brauchst du:

- **Ruhiger Raum:** Suche dir einen Raum, der so ruhig wie möglich ist. Schalte alle Störquellen aus und informiere Mitbewohner oder Familie, dass du nicht gestört werden möchtest.
- **Schalldämmung:** Nutze Akustikpaneele, Decken oder Schaumstoff, um den Raum schallzudämmen und Echos zu vermeiden.
- **Bequemer Stuhl und Tisch:** Stelle sicher, dass du eine bequeme Sitzgelegenheit und einen stabilen Tisch für deine Ausrüstung hast.

● Grundlagen der Tontechnik

Die Grundlagen der Tontechnik sind entscheidend für eine gute Aufnahmequalität:

- **Gain-Einstellung:** Stelle den Gain deines Audio-Interfaces so ein, dass deine Stimme klar und ohne Verzerrungen aufgenommen wird. Der Pegel sollte etwa bei -6 dB bis -12 dB liegen.

- **Abstand zum Mikrofon:** Halte einen konstanten Abstand von etwa 15-20 cm zum Mikrofon, um eine gleichmäßige Lautstärke und Klangqualität zu gewährleisten.
- **Aufnahmeformat:** Nimm in einem verlustfreien Format wie WAV auf und verwende eine Abtastrate von mindestens 44,1 kHz bei 16 Bit.

● *Tipps für eine erfolgreiche Aufnahme: Stimme, Betonung und Pausen*

Für eine erfolgreiche Hörbuchaufnahme sind nicht nur die technischen Aspekte wichtig, sondern auch, wie du sprichst:

- **Stimme aufwärmen:** Wärme deine Stimme vor der Aufnahme auf. Mach ein paar Atemübungen und sprich Zungenbrecher, um deine Artikulation zu verbessern.
- **Natürliche Betonung:** Lies den Text so natürlich wie möglich. Achte auf Betonungen und Pausen, die die Geschichte lebendig und verständlich machen. Vermeide monotones Sprechen.
- **Pausen nutzen:** Setze gezielt Pausen ein, um wichtige Stellen zu betonen und den Hörern Zeit zum Verarbeiten zu geben. Pausen helfen auch, die Spannung zu steigern.
- **Gleichmäßiges Tempo:** Halte ein gleichmäßiges Tempo beim Lesen. Zu schnelles Sprechen kann die Hörer überfordern, zu langsames kann langweilen.
- **Emotionen einbringen:** Lass die Emotionen der Charaktere und der Erzählung in deine Stimme einfließen. Das macht die Geschichte lebendiger und fesselnder.

Denke daran, dass Übung den Meister macht. Mache zunächst

Testaufnahmen und höre sie dir an, um deine Technik zu verfeinern. Mit der Zeit wirst du sicherer und deine Aufnahmen werden professioneller klingen.

Jetzt bist du bereit, dein Hörbuch aufzunehmen. Im nächsten Kapitel erfährst du, wie du die Postproduktion und den Schnitt deiner Aufnahmen meisterst.

KAPITEL 5: POSTPRODUKTION UND SCHNITT

- *Bearbeitung der Aufnahmen: Schnitt und Korrektur*

Nachdem du die Aufnahmen gemacht hast, beginnt die Postproduktion.

Hier geht es darum, deine Aufnahmen zu schneiden und zu korrigieren, um ein professionelles Endprodukt zu erstellen.

1. **Rohschnitt:** Entferne zunächst alle unerwünschten Teile der Aufnahme, wie Pausen, Versprecher und Hintergrundgeräusche. Achte darauf, die Übergänge zwischen den Schnitten glatt und nahtlos zu gestalten.
2. **Feinkorrektur:** Hör dir jede Aufnahme sorgfältig an und korrigiere kleine Fehler oder Unebenheiten. Nutze die Bearbeitungswerkzeuge deiner Software, um Lautstärkeanpassungen vorzunehmen und sicherzustellen, dass alle Teile gleichmäßig klingen.
3. **Stille einfügen:** Füge **bei Bedarf kurze Pausen** zwischen den Abschnitten ein, um dem Hörer Zeit zum Verarbeiten zu

geben und das Hörerlebnis zu verbessern.

• Hinzufügen von Effekten und Musik

Effekte und Musik können deinem Hörbuch zusätzliche Tiefe und Atmosphäre verleihen, sollten aber sparsam und gezielt eingesetzt werden.

1. **Musik auswählen:** Wähle Musik, die zur Stimmung und dem Thema deines Hörbuchs passt. Achte darauf, dass die Musik nicht die Erzählung übertönt, sondern sie unterstützt. Nutze lizenzfreie oder selbst komponierte Musik, um rechtliche Probleme zu vermeiden.
2. **Effekte einfügen:** Geräuscheffekte können bestimmte Szenen lebendiger machen. Überlege dir, welche Effekte passen könnten, z.B. das Rauschen von Blättern, Schritte oder Türknarren. Achte darauf, dass die Effekte dezent und realistisch sind.
3. **Musik und Effekte einblenden:** Füge die Musik und Effekte in deine Aufnahme ein und nutze die Fade-In- und Fade-Out-Funktionen, um sanfte Übergänge zu schaffen. Achte darauf, dass die Lautstärke der Musik und Effekte im Vergleich zur Erzählung gut ausbalanciert ist.

• Mastering des Hörbuchs

Das Mastering ist der letzte Schritt in der Postproduktion und sorgt dafür, dass dein Hörbuch auf allen Geräten gut klingt.

1. **Lautstärkeanpassung:** Stelle sicher, dass die Lautstärke durchgehend konstant ist und keine Teile zu leise oder zu laut sind. Nutze Kompressor- und Limiter-Effekte, um die Dynamik zu kontrollieren.

2. **Equalizing:** Verwende einen Equalizer, um die Klangqualität zu optimieren. Betone die Frequenzen, die deine Stimme klar und angenehm klingen lassen, und reduziere störende Frequenzen.

3. **Finales Rendering:** Exportiere dein fertiges Hörbuch in einem gängigen Audioformat wie MP3 oder WAV. Achte dabei auf die richtige Bitrate und Abtastrate, um die beste Qualität zu gewährleisten. Für Hörbücher sind meist 128 kbps und 44,1 kHz ausreichend.

4. **Qualitätskontrolle:** Höre dir das gesamte Hörbuch noch einmal an, um sicherzugehen, dass alles passt und keine Fehler übersehen wurden.

Mit der abgeschlossenen Postproduktion ist dein Hörbuch bereit für die Veröffentlichung.

Im nächsten Kapitel erfährst du, wie du dein Hörbuch erfolgreich veröffentlichst und vermarktest.

KAPITEL 6: VERÖFFENTLICHEN UND VERMARKTEN

•

Veröffentlichungsplattformen
und Vertriebswege

Nachdem dein Hörbuch fertig produziert ist, ist der nächste Schritt, es zu veröffentlichen und an die Hörer zu bringen.

Es gibt verschiedene Plattformen und Vertriebswege, die du nutzen kannst:

1. **Audible:** Audible ist einer der größten Anbieter für Hörbücher und erreicht ein weltweites Publikum. Du kannst dein Hörbuch über das ACX-Programm hochladen und dort verkaufen.

2. **iTunes und Google Play:** Diese Plattformen bieten eine große Reichweite und sind einfach zu nutzen. Du kannst dein Hörbuch dort direkt hochladen und vertreiben.

3. **Spezialisierte Hörbuch-Verlage:** Es gibt Verlage, die sich auf Hörbücher spezialisiert haben. Ein Vertrag mit einem solchen Verlag kann dir helfen, dein Hörbuch professionell

zu vermarkten.

4. **Eigene Website:** Wenn du eine eigene Autoren-Website hast, kannst du dein Hörbuch dort direkt zum Verkauf anbieten. Das gibt dir die volle Kontrolle über die Einnahmen und die Präsentation.

●   *Marketingstrategien*
für Hörbücher

Ein gut produziertes Hörbuch allein reicht nicht aus – du musst es auch effektiv vermarkten, um erfolgreich zu sein.
Hier habe ich Dir einige Strategien aufgelistet, die dir helfen:

1. **Buchtrailer erstellen:** Produziere einen kurzen, ansprechenden Trailer für dein Hörbuch. Dieser sollte die besten Szenen und die spannendsten Momente deines Hörbuchs enthalten und das Interesse der Hörer wecken.
2. **Rezensionen sammeln:** Positive Rezensionen sind Gold wert. Bitte Freunde, Familie und Kollegen, dein Hörbuch zu hören und Rezensionen auf den Plattformen zu hinterlassen, auf denen es verkauft wird.
3. **Newsletter und E-Mail-Marketing:** Wenn du eine E-Mail-Liste hast, informiere deine Abonnenten über die Veröffentlichung deines Hörbuchs. Biete vielleicht sogar einen speziellen Rabatt für die ersten Käufer an.
4. **Blogger und Influencer:** Kontaktiere Buchblogger und Influencer, die sich mit Hörbüchern beschäftigen. Biete ihnen kostenlose Exemplare deines Hörbuchs an und bitte sie um eine ehrliche Rezension.
● **Nutzung von sozialen Medien und Hörbuch-Communities**

Soziale Medien und spezialisierte Communities sind hervorragende Werkzeuge, um dein Hörbuch zu bewerben und eine engagierte Hörerschaft aufzubauen:

1. **Facebook, Twitter und Instagram:** Nutze diese Plattformen, um regelmäßig Updates zu deinem Hörbuch zu posten. Teile Hinter-den-Kulissen-Einblicke, Zitate aus dem Buch und Hörproben, um das Interesse zu steigern.
2. **YouTube und TikTok:** Erstelle Videos, in denen du über dein Hörbuch sprichst, Passagen daraus vorliest oder Fragen von deinen Fans beantwortest. Diese Plattformen bieten eine visuelle Komponente, die Aufmerksamkeit auf sich zieht.
3. **Hörbuch-Foren und Gruppen:** Trete speziellen Hörbuch-Foren und Gruppen bei (z.B. auf **Reddit oder Goodreads**). Teile dein Wissen, beantworte Fragen und stelle dein Hörbuch vor. Diese Communities schätzen den direkten Austausch mit Autoren.
4. **Hörbuch-Podcasts:** Viele Podcasts befassen sich mit Hörbüchern und Interviews mit Autoren. Suche nach Podcasts, die zu deinem Genre passen, und biete dich als Gast an, um über dein Hörbuch zu sprechen.

Indem du diese Strategien kombinierst und kontinuierlich daran arbeitest, wirst du dein Hörbuch erfolgreich veröffentlichen und eine breite Hörerschaft aufbauen.

Im nächsten Kapitel wirst du die rechtlichen Aspekte und das Urheberrecht kennenlernen, die bei der Hörbuchproduktion wichtig sind.

KAPITEL 7:
RECHTLICHE ASPEKTE
UND URHEBERRECHT

- *Lizenzierung und Rechteklärung*

Bevor du dein Hörbuch veröffentlichst, ist es wichtig, sicherzustellen, dass du über alle notwendigen Rechte verfügst. Das betrifft sowohl den Text deines Buches als auch die Nutzung von Musik und Soundeffekten.

1. **Urheberrechte am Text:** Wenn du nicht der Autor deines Buches bist, musst du die Erlaubnis des Autors oder Verlags einholen, um das Buch in ein Hörbuch umzuwandeln. Das gilt auch für gemeinfreie Werke, da oft Übersetzungen oder Bearbeitungen urheberrechtlich geschützt sind.
2. **Lizenzierung von Musik und Soundeffekten:** Verwendest du Musik oder Soundeffekte in deinem Hörbuch, musst du sicherstellen, dass du die entsprechenden Lizenzen dafür besitzt. Nutze **entweder lizenzfreie Musik oder erwerbe die notwendigen Lizenzen** von den Rechteinhabern.

● *Verträge mit Sprechern und Produzenten*

Wenn du mit professionellen Sprechern oder Produzenten zusammenarbeitest, ist es ratsam, Verträge abzuschließen, um die Rechte und Pflichten beider Parteien klar festzulegen.

1. **Sprecher-Verträge:** Ein Sprecher-Vertrag regelt die Vergütung, die Nutzungsrechte an der Aufnahme, die Vertraulichkeit und andere wichtige Aspekte der Zusammenarbeit. Achte darauf, dass darin auch geregelt wird, wer die Rechte an der Aufnahme besitzt und wie lange diese gelten.

2. **Produzenten-Verträge:** Wenn du die Produktion deines Hörbuchs an ein Studio oder einen Produzenten auslagerst, solltest du auch hier einen Vertrag abschließen. Darin sollten unter anderem die Produktionskosten, die Rechte am fertigen Hörbuch und die Vertriebsmodalitäten festgelegt werden.

● *Schutz des eigenen Werkes*

Schließlich ist es wichtig, dein geistiges Eigentum zu schützen und sicherzustellen, dass niemand deine Arbeit unbefugt nutzt oder kopiert.

1. **Urheberrecht anmelden:** Obwohl dein Werk automatisch urheberrechtlich geschützt ist, empfiehlt es sich, dein Hörbuch bei der entsprechenden Behörde anzumelden. Das bietet zusätzlichen Schutz und ermöglicht es dir im Fall von Streitigkeiten, deine Rechte durchzusetzen.

2. **Nutzungsbedingungen festlegen:** Auf der Verkaufsseite deines Hörbuchs solltest du klare Nutzungsbedingungen angeben, die angeben, wie das Hörbuch verwendet werden darf und welche Rechte du als Autor behältst.

Indem du diese rechtlichen Aspekte sorgfältig beachtest und alle notwendigen Vorkehrungen triffst, kannst du sicherstellen, dass dein Hörbuch geschützt ist und du die volle Kontrolle über seine Verwendung behältst.

Im nächsten Kapitel erfährst du mehr über häufige Fehler und wie du sie vermeiden kannst.

KAPITEL 8: HÄUFIGE FEHLER UND WIE MAN SIE VERMEIDET

- *Typische Stolperfallen bei der Hörbuchproduktion*

Bei der Hörbuchproduktion gibt es einige typische Fehler, in die viele angehende Autoren und Produzenten tappen können.
Nachfolgend liste ich Dir einige der häufigsten Fehler auf:

1. **Schlechte Tonqualität:** Eine mangelhafte Tonqualität kann das Hörerlebnis beeinträchtigen und zu einer negativen Bewertung führen.
2. **Ungeeigneter Sprecher:** Die Wahl des falschen Sprechers kann dazu führen, dass die Hörer die Geschichte nicht mögen oder sich nicht mit den Charakteren identifizieren können.
3. **Fehlende Bearbeitung:** Eine unzureichende Bearbeitung der Aufnahmen kann zu Versprechern, Pausen oder anderen

störenden Elementen führen.

● *Tipps und Tricks aus der Praxis*

Um diese Fehler zu vermeiden und ein hochwertiges Hörbuch zu produzieren, hier einige Tipps aus der Praxis:

1. **Investiere in die richtige Ausrüstung:** Eine gute Tonqualität ist entscheidend für den Erfolg deines Hörbuchs. Investiere in ein hochwertiges Mikrofon und eine gute Aufnahmesoftware.
2. **Wähle den richtigen Sprecher aus:** Nimm dir Zeit bei der Auswahl des Sprechers. Höre dir verschiedene Stimmen an und überlege, welche am besten zu deiner Geschichte passen.
3. **Bearbeite deine Aufnahmen sorgfältig:** Nehme dir genug Zeit für die Bearbeitung deiner Aufnahmen. Entferne Versprecher, Pausen und andere störende Elemente, um eine professionelle Endproduktion zu gewährleisten.

● *Lösungen für häufige Probleme*

Wenn du doch einmal auf Probleme stößt, hier einige Lösungsansätze:

1. **Tonqualität verbessern:** Experimentiere mit

verschiedenen Mikrofonpositionen, Raumakustik und Bearbeitungstechniken, um die Tonqualität zu verbessern.

2. **Sprecher austauschen:** Wenn du mit dem gewählten Sprecher nicht zufrieden bist, scheue dich nicht davor, einen anderen zu wählen. Die richtige Stimme kann den Unterschied machen.

3. **Professionelle Hilfe holen:** Wenn du Schwierigkeiten bei der Produktion hast, ziehe in Betracht, professionelle Hilfe in Anspruch zu nehmen. Ein erfahrener Tontechniker oder Produzent kann dir dabei helfen, die Qualität deines Hörbuchs zu verbessern.

Indem du diese Tipps befolgst und auf mögliche Probleme vorbereitet bist, kannst du die Qualität deines Hörbuchs maximieren und die Chancen auf Erfolg erhöhen.

In meinem letzten Kapitel werde ich einen Blick in die Zukunft werfen und darüber sprechen, wie du deine Hörbuchkarriere weiter vorantreiben kannst.

KAPITEL 9: ZUKUNFT DES HÖRBUCHS

- *Trends und Entwicklungen im Hörbuchmarkt*

Der Hörbuchmarkt befindet sich in einem stetigen Wandel, und es gibt einige aufregende Trends und Entwicklungen, die die Zukunft des Mediums prägen könnten:

1. **Wachsende Popularität:** Hörbücher erfreuen sich einer zunehmenden Beliebtheit, sowohl bei traditionellen Hörern als auch bei neuen Zielgruppen wie Pendler, Sportler und Vielbeschäftigte.
2. **Streaming-Dienste:** Immer mehr Menschen nutzen Streaming-Dienste wie Audible, Spotify und Apple Music, um Hörbücher zu hören. Dies ermöglicht einen einfachen Zugang zu einer riesigen Auswahl an Titeln.

- *Neue Technologien und Formate*

Mit dem Fortschritt der Technologie ergeben sich auch neue Möglichkeiten für das Hörbuchformat:

1. **Virtual Reality (VR) und Augmented Reality (AR):** VR- und AR-Technologien könnten neue immersive Erlebnisse für Hörbuchhörer schaffen, indem sie sie direkt in die Handlung eintauchen lassen.
2. **Interaktive Hörbücher:** Interaktive Hörbücher könnten es den Hörern ermöglichen, die Handlung zu beeinflussen und Entscheidungen zu treffen, die den Verlauf der Geschichte verändern.

• *Visionen für das Hörbuch der Zukunft*

Wie könnte das Hörbuch der Zukunft aussehen:
Hier sind einige Visionen, die möglicherweise Realität werden könnten:

1. **Personalisierte Hörbücher:** Dank fortschrittlicher Technologie werden Hörbücher in Zukunft personalisieren, indem sie sich an die Vorlieben und Interessen des einzelnen Hörers anpassen.
2. **Multimediale Erlebnisse:** Hörbücher werden zunehmend multimediale Elemente wie Bilder, Videos und Animationen enthalten, um ein noch immersiveres Erlebnis zu schaffen.

Fazit

Die Zukunft des Hörbuchs ist voller Möglichkeiten und Potenziale. Indem du auf Trends und Entwicklungen im Markt achtest und offen für neue Technologien und Formate bist, kannst du deine Hörbuchkarriere erfolgreich gestalten und mit der Zeit gehen.
Bleibe neugierig und kreativ, um das Hörbuch der Zukunft

mitzugestalten!

DANKSAGUNG AN LESERINNEN UND LESER

Ich möchte Dir von Herzen danken. Ohne Dein Interesse wäre dieses Buch nicht möglich gewesen. Deine Zeit und Deine Aufmerksamkeit sind das kostbarste Geschenk, das Du mir machen konntest.

Durch Dein Lesen hast Du diesem Buch Leben eingehaucht.

Du bist es, die die Seiten mit deiner Vorstellungskraft und deinen Emotionen füllst.

Ich danke Dir für dein Vertrauen.

Es ist eine Ehre, dass Du meine Worte gelesen hast und mit mir auf diese Reise gingst.

Möge dieses Buch zum Durchführen Deines Hörbuches inspirieren.

Mit den besten Wünschen,

MAG. EVAPRASCH

Eva

ÜBER MICH

Liebe Leserinnen und Leser,

ich bin Eva, eine leidenschaftliche Buchautorin.
Schon seit meiner Kindheit habe ich die Magie der Worte geliebt.
Als ich zum ersten Mal einen Stift in die Hand nahm, wusste ich,
dass Bücher meine Berufung sind.

Meine Inspiration schöpfe ich aus der unendlichen Vielfalt der
menschlichen Erfahrung.
Ich glaube fest daran, dass Bücher und Hörbücher die Zukunft
sind und uns verbinden, inspirieren und verändern.

In diesem Buch nehme ich Dich mit auf eine Reise durch
faszinierende Welten. Mit meinen inspirierenden Sachbücher
bemühe ich mich, Dich zum Nachdenken anzuregen und zu
bewegen.

Als Autorin ist es mein Ziel, Dich zu unterhalten und Dich zu
ermutigen, Dein Buch zu schreiben und in diesem Fall auch als
Hörbuch zu veröffentlichen.

Ich möchte dich dazu inspirieren, deine Leidenschaften zu
verfolgen und deine Träume zu verwirklichen.

Ich danke Dir von Herzen, dass Du meine Bücher liest und Teil meiner Reisen bist.

Mögen meine Worte dir Freude bereiten, dir Hoffnung schenken und dich daran erinnern, dass in jedem von uns die Kraft steckt, die Welt zu verändern.

Mit den besten Wünschen und herzlichen Grüßen,
Eva

IMPRESSUM

Mag. Eva Prasch

Abt Balthasar-Straße 7

2651 Reichenau an der Rax

web:
https://evaprasch.com/
https://mailchi.mp/d310096f601e/ratgeber

Vervielfältigung nur mit Genehmigung des Herausgebers gestattet. Verwendung oder Verarbeitung durch unautorisierte Dritte in allen gedruckten, audiovisuellen, akustischen oder anderen Medien ist untersagt.
Die Textrechte verbleiben beim Autor, dessen Einverständnis zur Veröffentlichung hier vorliegt.
Für Satzfehler keine Haftung.
Impressum
Autor Mag. Eva Prasch,

© 2023 Mag. Eva Prasch. Alle Rechte vorbehalten.
Satz: Mag. Eva Prasch
Umschlag: Mag. Eva Prasch

Druck und Bindung: Mag. Eva Prasch

www.ingramcontent.com/pod-product-compliance
Lightning Source LLC
La Vergne TN
LVHW051633050326
832903LV00033B/4741